Das kleine Buch vom großen Rabbi

Martin Buber

Impressum

Martin Buber – F. Berndkaster
Das kleine Buch vom großen Rabbi

1. Auflage 2007

Postfach 32 11 11, 40426 Düsseldorf

Gesamtherstellung: projekt m/c GmbH, Lünen

Bestell-Nr. tvd 20740.1
ISBN 978-3-926512-77-2

Martin Buber

Mit Bildern von

F. Berndkaster

Das kleine Buch vom großen Rabbi

tvd

Schöpfungsgeschichte

Ein Wort zuvor

Die hier vorliegenden chassidischen Geschichten beleuchten die große Glaubensbewegung, die von der Mitte des achtzehnten Jahrhunderts von Krakau/Polen besonders die westliche Welt beeinflusste.

Die vielen Weisheitsgeschichten berichten in unterschiedlicher Weise, wie die Waisen dem Himmel entgegen wachsen und der Himmel ihnen – manchmal unerwartet – entgegen kommt. Das kleine Buch vom großen Rabbi erzählt Weisheitsgeschichten von Menschen, die mit einem Lächeln helfen, die schweren Zeiten leichter zu ertragen. Die im 18. Jahrhundert im osteuropäischen Judentum entstandene populäre mystische Bewegung ist bis auf den heutigen Tag lebendig, und trotz der Ermordung Hunderttausende ihrer Anhänger blüht sie in verschiedenen Zentren Israels, Europas und Nordamerikas.

Diese chassidischen Geschichten und ihre gesamte Bewegung sind getragen von der positiven Überzeugung, dass die Welt von Gott gelenkt wird; doch nicht im blinden naiven Vertrauen. Nein, die Chassidim scheuen sich nicht, zu protestieren, wenn es scheint, Gott handle ungerecht. Gott ist für sie weniger der streng verehrte Herrscher als vielmehr wie ein Verwandter, dem man in Liebe verbunden ist – mit dem man auf DU und DU steht.

In diesem Sinne wünschen wir Ihnen eine gute Begegnung mit diesen Rabbi-Geschichten auf gleicher Augenhöhe.

Ihre
F. Berndkaster und
Uwe Seidel

Das Gefäß

Ein Schüler des Kozker Rabbis erzählte im Altar, kurz vor dem eigenen Tod: „Ich will euch den ersten Spruch mitteilen, den ich vom Rabbi gehört habe. Viele hörte ich nach diesem von ihm, aber mit dem einen hat er mein Herz für immer entzündet. Es war an einem Sabbatabend beim Weihesegen. Der Rabbi saß in seinem hohen Stuhl mit verwandeltem Gesicht, als sei ihm die Seele aus dem Leibe gegangen und schwebe nur noch um ihn. Mit großer Entschiedenheit streckte er die Hände aus, goss über die unseren das Wasser zum Segensspruch, sprach den Segen über das Brot und brach es.
Dann redete er so: ‚Weise, Forscher, Denker gibt's in der Welt. Alle forschen und denken sie dem Geheimnis Gottes nach. Aber was können sie davon erfahren? Nicht mehr als sie die Stufe der Vernunft nach zu fassen vermögen. Aber das Volk der Söhne Israel, geheiligt sind sie – sie haben ein Gefäß, das ist das gebotene Tun, damit können sie mehr fassen als ihrer Stufe nach, bis zur Stufe der Dienstengel. Das ist jenes Wort am Sinai: Wir wollen tun und wollen hören. Mit unserm Tun hören wir.'"

Die guten Schmerzen

Rabbi Michal von Lechowitz hatte einen kranken Fuß und litt all seine Tage große Schmerzen. Einst besuchte ihn der Kobryner, der mit ihm des großen Rabbi Mordechai Schüler gewesen war. Beim Mahl trank der Gast ihm zu: „Zum Leben! Zur vollkommenen Genesung!" – „Ihr seid mir doch in Wahrheit zugetan", erwiderte Michal, „wie könnt Ihr mir dergleichen wünschen? Hätte ich meine Leiden nicht, Gott allein weiß, was aus mir geworden wäre!"

Jakobs Traum

Wie der Sasower die Liebe lernte

Rabbi Mosche Löb erzählte: „Wie man die Menschen lieben soll, habe ich von einem Bauern gelernt. Der saß mit anderen Bauern in einer Schenke und trank. Lange schwieg er wie die andern alle, als aber sein Herz vom Wein bewegt war, sprach er seinen Nachbarn an: ‚Sag du, liebst du mich oder liebst du mich nicht?' Jener antwortete: ‚Ich liebe dich sehr.' Er aber sprach wieder: ‚Du sagst: ‚Ich liebe dich' und weißt doch nicht, was mir fehlt. Liebtest du mich in Wahrheit, du würdest es wissen.' Der andre vermochte kein Wort zu erwidern, und auch der Bauer, der gefragt hatte, schwieg wieder wie vorher. Ich aber verstand: das ist die Liebe zu den Menschen, ihr Bedürfen zu spüren und ihr Leid zu tragen."

Das Versteckspiel

Rabbi Baruchs Enkel, der Knabe Jechiel, spielte einst mit einem andern Knaben Verstecken. Er verbarg sich gut und wartete, dass ihn sein Gefährte suche. Als er lange gewartet hatte, kam er aus dem Versteck; aber der andere war nirgends zu sehen. Nun merkte Jechiel, dass jener ihn von Anfang an nicht gesucht hatte. Darüber musste er weinen, kam weinend in die Stube seines Großvaters gelaufen und beklagte sich über den bösen Spielgenossen. Da flossen Rabbi Baruch die Augen über, und er sagte: „So spricht Gott auch: ‚Ich verberge mich, aber keiner will mich suchen.'"

Führer der Unschlüssigen

Abraham empfängt die Fremden

Das Leuchten

Einige Chassidim kamen nach Lublin. Ehe sie zum Rabbi gingen, bat ihr Fuhrmann sie, sie möchten mit den andern Zetteln auch einen mit seinem Namen überreichen, auf dass der Rabbi seiner zum Guten gedenke, und sie taten nach seinem Wunsch. Als der Lubliner den Zettel las, rief er: „Wie leuchtet der Name dieses Mannes!" Die Chassidim wunderten sich: es sei ein einfältiger und unwissender Mensch und sie hätten in all den Tagen keine sonderliche Tugend an ihm wahrgenommen.

„Seine Seele", sagte der Rabbi, „strahlt mir in diesem Augenblick wie ein lauteres Licht entgegen." Die Chassidim gingen alsbald, den Fuhrmann zu suchen, fanden ihn jedoch in der Herberge nicht. Sie gingen von Straße zu Straße. Da kam ihnen ein fröhlicher Zug entgegen, Spielleute mit Zimbeln und Pauken voran, eine hüpfende und händeklatschende Schar hinterdrein, und inmitten, alle andern an Jubel und heller Lust überflügelnd, der Fuhrmann. Auf ihre Frage erzählte er: „Als ihr fort wart, dachte ich: ‚Ich will mir auch etwas Freude suchen gehn.'

Da schlenderte ich so durch die Stadt, bis mir aus einem Haus Musik und Fröhlichkeit entgegen klangen. Ich trat ein und sah, es wurde die Hochzeit zweier Waisen gefeiert. Da feierte ich mit, trank und sang und freute mich. Aber nach einer Weile entstand ein Streit und eine Verwirrung, denn die Braut hatte das Geld nicht, um dem Bräutigam nach Sitte und Pflicht einen Tallit zu schenken. Und es war nahe daran, dass der Ehevertrag zerrissen wurde. Da wurde mir das Herz heiß, ich konnte die Beschämung des Mädchens nicht ertragen, zog meinen Beutel aus der Tasche, und siehe da, was darin war, reichte gerade hin, um den Tallit zu bezahlen. Darum ist mein Herz so froh."

Der Zug durchs Schilfmeer

Das Gebot der Liebe

Ein Schüler fragte den Rabbi Schmelke: „Es ist uns geboten: Liebe deinen Genossen dir gleich. Wie kann ich das erfüllen, wenn mein Genosse mir Böses tut?“
Der Rabbi antwortete: „Du musst das Wort recht verstehen: Liebe deinen Genossen als etwas, was du selbst bist. Denn alle Seelen sind eine; jede ist ja ein Funken aus der Urseele, und sie ist ganz in allen, wie deine Seele in allen Gliedern deines Leibes. Es mag sich einmal ereignen, dass deine Hand sich versieht und dich selber schlägt; wirst du da einen Stecken nehmen und deine Hand züchtigen, weil sie keine Einsicht hatte, und deinen Schmerz noch mehren? So ist es, wenn dein Genosse, der eine Seele mit dir ist, dir aus mangelnder Einsicht Böses erweist; vergiltst du ihm, tust du dir selber weh.“
Der Schüler fragte weiter: „Wenn ich aber einen Menschen sehe, der vor Gott böse ist, wie kann ich den lieben?“
„Weißt du nicht“, sagte der Rabbi Schmelke, „dass die Urseele aus Gottes Wesen kam und jede Menschenseele ein Teil Gottes ist? Und wirst du dich seiner nicht erbarmen, wenn du siehst, wie einer seiner heiligen Funken sich vergangen hat und am Ersticken ist?“

Das Wichtigste

Bald nach dem Tode Rabbi Mosches von Kobryn wurde einer seiner Schüler von dem „alten Kozker“, Rabbi Mendel, gefragt: „Was war für Euern Lehrer das Wichtigste?“
Er besann sich, dann gab er die Antwort: „Womit er sich gerade abgab.“

Moses

Der Hirt

Eine Zeit nach dem Tod des Jehudi wussten die Schüler noch nicht, wen sie sich zum Meister erwählen sollten. Sie fragten Rabbi Bunam um Rat. Er sprach: „Ein Hirt weidete die Schafe am Feldrain. Ermüdet fiel er zur Erde und schlief ein. Das war ihm noch nie geschehen. Um Mitternacht erwachte er, der Vollmond stand hoch, die Nacht war kühl und klar. Der Hirt trank einen Schluck Wasser vom Bach; Es tat ihm wohl, zugleich entsann er sich seiner Schafe, und sein Herzschlag stockte. Er sah sich um: die Tiere lagen wenige Schritte vor ihm wie im Pferch aneinandergedrängt; er zählte sie, keins fehlte. Er rief: ‚Geliebter Gott, wie soll ich dir's vergelten? Vertrau mir deine Schafe an, so will ich sie hüten wie meinen Augapfel.' Solch einen Hirten sucht euch zum Rabbi." Rabbi Abele Neustädter, der einst den Jehudi in der Kabbala unterwiesen hatte und der vielen unter den Versammelten als der Nachfolger seines Schüler erschien, stand vom Stuhl auf und setzte Rabbi Bunam hinein.

Die Magd

Rabbi Wolfs Ehefrau hatte einst einen Streit mit ihrer Dienstmagd. Sie beschuldigte die Magd, ein Gerät zerbrochen zu haben, und forderte Ersatz des Schadens; jene leugnete die Tat und weigerte die Buße. Der Streit erhitzte sich, bis die Frau das geistliche Gericht anzurufen beschloss und sich eilig ankleidete, um den Raw der Stadt aufzusuchen. Als Rabbi Wolf dies sah, zog auch er sein Sabbatgewand an. Von der Frau befragt, warum er das tue, erklärte er, mitgehen zu wollen. Sie widersprach; es schicke sich nicht für ihn, auch wisse sie selbst, was sie dem Gericht vorzutragen habe. „Du weißt es wohl", antwortete der Zaddik, „aber die arme Waise, deine Magd, als deren Fürsprech ich gehe, weiß es nicht, und wer sonst als ich sollte sich ihrer Sache annehmen?"

Die Wohltat

Als Rabbi Bunam noch ein Holzhändler war und alljährlich auf den Holzmarkt nach Danzig fuhr, hörte er auf der Reise in einer kleinen Stadt, wo er den Sabbat verbringen wollte, von einem frommen und gelehrten Mann, der in großem Elend lebte: Da lud er sich bei dem Mann als Sabbatgast ein, ließ ihm Geräte und Speisevorrat in das leere Haus tragen und wusste ihm auch noch würdige Kleider aufzunötigen. Nach dem Sabbat überreichte Rabbi Bunam seinem Gastgeber einen ansehnlichen Geldbetrag als Abschiedsgeschenk. Jener weigerte sich, das Geld anzunehmen; er habe schon übergenug empfangen. „Das andere", sagte der Zaddik, „habe ich nicht Euch, sondern mir gegeben, um die Wunde des Mitleidens, die mir Euer Elend schlug, zu heilen; nun erst kann ich das Gebot des Wohltuns erfüllen. Darum steht geschrieben: ‚Geben sollst, geben du ihm, und nicht erbose sich dein Herz, wann du ihm gibst.' Wer den Anblick der Armut nicht ertragen kann, muss sie so lange lindern, bis der Verdruss seines Herzens überwunden ist, dann erst vermag er in Wahrheit seinem Mitmenschen zu geben."

Der Strumpfwirker

Der Baalschem hielt sich einst auf einer Reise in einer kleinen Stadt auf, deren Name nicht überliefert ist. An einem Morgen vor dem Beten rauchte er wie gewöhnlich seine Pfeife und sah zum Fenster hinaus. Da ging ein Mann vorbei, der Gebetsmantel und Gebetsriemen in der Hand trug und seine Schritte so schlichtfeierlich setzte, als führe sein Weg an die Himmelspforte. Der Baalschem fragte den Getreuen, in dessen Haus er wohnte, wer das sei. Jener antworte ihm, es sei ein Strumpfwirker, der sommers und winters gleicherweise Tag um Tag ins Bethaus gehe und da sein Gebet spreche, auch wenn die gebotenen Zehnzahl der Frommen nicht voll wurde. Der Baalschem hieß ihn holen, aber der Hausherr sagte: „Der Narr wird seinen Weg nicht unterbrechen, und wenn ihn der Kaiser selbst ruft."

Sussja und die Vögel

Einmal zog Rabbi Sussja über Land und sammelte Geld, um Gefangene auszulösen. So kam er in eine Herberge zu einer Zeit, da der Wirt nicht daheim war.

Als er seiner Gewohnheit nach durch die Zimmer wanderte, sah er einen großen Käfig mit allerlei Vögeln stehen, und Sussja sah, dass die Eingefangenen danach bangten, wieder im Raum der Welt zu fliegen und freie Vögel zu sein.

So entbrannte sein Erbarmen über sie, und er sprach zu sich: „Da rennst du dir die Füße ab, Sussja, um Gefangene zu lösen, und was kann es für eine Lösung Gefangener geben, die größer wäre, als diese Vögel aus ihrem Kerker zu entlassen!" Alsdann öffnete er den Käfig, und die Vögel flogen in die Freiheit. Als der Wirt heimkam und den leeren Käfig sah, fragte er die Hausleute in großem Zorn, wer ihm dies angetan habe. Sie antworteten: „Da treibt sich ein Mann herum, dessen Aussehn ist wie eines Narren, und kein andrer als er kann diese Missetat begangen haben."

Der Wirt schrie Sussja an: „Narr, wie hat sich dein Herz erfrecht, mir meine Vögel zu rauben und das viele Geld zunichte zu machen, das ich für sie gezahlt habe!" Sussja entgegnete ihm: „Du hast es in den Psalmen oft gelesen und gesagt: ‚Und sein Erbarmen über allen seinen Werken.'" Darauf schlug ihn der Wirt, bis seine Hand müde war, und warf in endlich zur Tür hinaus. Und Sussja ging fröhlich seines Wegs.

König David

Abraham und Lot

Der Berditschewer kam einst nach Lemberg und ging in das Haus eines reichen und geachteten Mannes. Zum Hausherrn vorgelassen, bat er, ihm Unterkunft für einen Tag zu gewähren, verschwieg aber Namen und Stand. Der Reiche fuhr ihn an: „Ich brauche hier keine Wandersleute. Geh doch in eine Herberge!“ – „Ich bin kein Herbergsgast“, sagte der Rabbi; „gebt mir etwas Raum in einer Stube, und ich will Euch um nichts anderes behelligen.“ – „Fort mit dir!“ rief jener. „Wenn du kein Herbergsgast bist, wie du sagst, so geh zu dem Schullehrer um die Ecke; der pflegt solche zugelaufenen Leute mit Ehren zu empfangen und zu bewirten.“
Rabbi Levi Jizchak ging zum Schullehrer und wurde mit Ehren empfangen und bewirtet. Aber auf dem Weg hatte ihn jemand erkannt, und alsbald verbreitete sich in der Stadt die Kunde, der heilige Rabbi von Berditschew sei da und habe im Hause des Schullehrers Wohnung genommen. Kaum hatte er ein wenig geruht, staute sich schon eine Menge Zulassbegehrender vor der Tür, und als sie geöffnet wurde, strömten die Scharen herbei, den Segen des Zaddiks zu empfangen. Darunter war auch jener reiche Mann; er drängte sich vor den Rabbi und begann: „Möge doch unser Herr und Meister mir vergeben und mein Haus seines Besuches würdigen. Alle Zaddikim, die nach Lemberg kamen, haben bei mir gewohnt.“
Rabbi Levi Jizchak wandte sich zu den Umstehenden und sprach: „Wisst ihr, welcher Unterschied zwischen unserem Vater Abraham, der Friede über ihm, und Lot besteht? Warum wird mit solchem Wohlgefallen erzählt, wie Abraham Sahne, Milch und ein zartes Kalb den Engeln auftrug? Hat doch auch Lot einen Kuchen gebacken und ein Mahl vorgesetzt. Und warum wird es als Verdienst angesehen, dass Abraham sie in seinem Hause aufnahm? Hat doch auch Lot sie geladen und beherbergt. Aber es verhält sich damit also. Bei Lot heißt es: ‚Die Engel kamen nach Sodom.‘ Bei Abraham aber heißt es: ‚Er hob seine Augen und sah, da standen Männer vor ihm.‘ Lot sah Engelsgestalten, Abraham arme, bestaubte, der Ruhe und der Labung bedürftige Wandersleute.“

Der Prophet Jona

Der Lubliner und der Eiserne Kopf

Der Raw der Stadtgemeinde von Lublin, Asriel Hurwitz, der der Eiserne Kopf zubenannt war, bedrängte Rabbi Jaakob Jizchak unablässig mit Einwänden und Vorhaltungen. Einmal sagte er zu ihm: „Ihr wisst und bekennt doch selber, dass Ihr kein Zaddik seid. Warum führt Ihr andere auf Eure Wege und zieht eine Gemeinde zusammen?“ Rabbi Jaakob Jizchak antwortete: „Was kann ich da tun? Sie laufen mir zu und werden meines Wortes froh und begehren es gar.“ Darauf jener: „So gebt es am kommenden Sabbat allen insgesamt zu wissen, dass Ihr keiner der Erhabenen seid, und sie werden sich von Euch kehren.“ Dies zu tun, war der Zaddik erbötig, und am nächsten Sabbat bat er die Versammelten, sie möchten ihm doch nicht länger Rang und Würden zusprechen, die ihm nicht zukämen. Da zog glühend in aller Herzen die Demut ein, und sie hingen ihm seither noch eifriger an. Als er dem Eisernen Kopf von seiner Bemühung und ihrem Ergebnis berichtete, bedachte sich der und sagte sodann: „Das ist eben der Weg bei euch Chassidim, den Demütigen zu lieben und den Hochmütigen zu meiden. Darum sagt ihnen, Ihr seiet der Auserwählten einer, und sie werden sich von Euch kehren.“ Rabbi Jaakob Jizchak antwortete: „Wenn ich auch kein Zaddik bin, so bin ich doch kein Lügner, und wie kann ich wider die Wahrheit reden?“

Ein andermal fragte Rabbi Asriel Hurwitz den Lubliner: „Wie geht das zu, dass sich so viele um Euch scharen? Ich bin doch weit größer in der Lehre als Ihr, und mir strömen sie nicht zu.“ Der Zaddik antwortete: „Auch mich nimmt es wunder, dass einem geringen Menschen wie ich viele nahen, um Gottes Wort zu vernehmen, statt es bei Euch zu suchen, dessen Gelehrsamkeit Berge versetzt. Es mag sich aber so verhalten, dass sie zu mir kommen, weil ich mich darüber wundre, dass sie kommen, und dass sie zu Euch nicht kommen, weil Ihr Euch darüber wundert, dass sie nicht kommen.“

Der Feind

Ein reicher und angesehener Mann in Nikolsburg war dem Rabbi Schmelke feindlich gesinnt und trachtete, wie er ihn beschämen könnte. Am Vorabend des Jom-kippur kam er zu ihm und bat ihn, sich an diesem Tag, da alle einander vergeben, mit ihm zu versöhnen. Zugleich brachte er ihm einen Krug sehr alten und starken Weins und nötigte ihn zum Trinken, da er vermeinte, der Zaddik würde, solchen Weins nicht gewohnt, trunken werden und seinen Fall der Gemeinde offenbar machen. Rabbi Schmelke trank um der Versöhnung willen in seiner Gegenwart ein Glas nach dem andern. Der reiche Mann glaubte schon, sein Ziel erreicht zu haben, und ging zufrieden nach Haus.

Als aber der Abend anbrach und die Stunde des Gebets nahe war, fiel der Schauer des Gerichtstags auf den Rabbi, und im Nu war jede Spur des Tranks verflogen.

Nach dem Abendgebet blieb Rabbi Schmelke mit andern Frommen die Nacht über im Bethaus und sang wie in jedem Jahre die Psalmen vor, und die Gemeinde stimmte ein. Als er im einundvierzigsten Psalm an den Vers kam: „Durch dieses weiß ich, dass du an mir Gefallen findest: mein Feind wird über mich nicht frohlocken“, wiederholte er ihn Mal um Mal und übersetzte ihn, aber nicht, wie es üblich ist, sondern mit einer unbefangenen Kühnheit übertrug er: „Durch dieses weiß ich, dass du an mir Gefallen findest: meinem Feinde wird um meinetwillen kein Übel widerfahren.“ Und er fügte hinzu: „Wenn es auch Menschen gibt, die mir feind sind und mich zu beschämen verlangen, vergib ihnen, Herr der Welt, und sie mögen nicht leiden um meinetwillen.“ Das sprach er mit so mächtiger Stimme, dass alle Beter in Tränen ausbrachen und jeder das Wort aus der eigenen Herzenstiefe wiederholte. Unter ihnen war auch jener reiche und angesehne Mann. In dieser Stunde kam die Umkehr über ihn, und die Bosheit fiel von ihm ab. Vor allen andern Menschen aber liebte und ehrte er fortan den Rabbi Schmelke.

Linker Teil des Tryptichons auf Seite 3, rechter Teil auf der Umschlag-Rückseite

Das himmlische Jerusalem I

Der Schlaf

Rabbi Schmelke pflegte, damit sein Lernen nicht allzulange Unterbrechung erleide, nicht anders als sitzend zu schlafen, den Kopf auf dem Arm und zwischen den Fingern ein brennendes Licht, das ihn wecken sollte, sowie die Flamme seine Hand berührte. Als Rabbi Elimelech ihn besuchte und die noch eingesperrte Macht seiner Heiligkeit erkannte, bereitete er ihm sorgsam ein Ruhebett und bewog ihn mit vieler Mühe, sich für ein Weilchen darauf auszustrecken. Dann schloss und verhüllte er das Fenster. Rabbi Schmelke erwachte erst am hellen Morgen. Er merkte, aber es reute ihn nicht, wie lang er geschlafen hatte, denn er empfand eine ungekannte, sonnenhafte Klarheit. Er ging ins Bethaus und betete der Gemeinde vor, wie es sein Brauch war. Der Gemeinde aber erschien es, als hätte sie ihn noch nie gehört, so bezwang und befreite alle die Macht seiner Heiligkeit. Als er den Gesang vom Schilfmeer* sprach, mussten sie den Saum ihrer Kaftane raffen, dass ihn die rechts und links sich bäumenden Wellen nicht netzten. Später sagte Schmelke zu Elimelech: „Jetzt erst habe ich erfahren, dass man Gott auch mit dem Schlafe dienen kann."

** Ps. 136, 13*

Die Welt annehmen

Ein Chassid Rabbi Mosches von Kobryn war sehr arm. Er beklagte sich einst beim Zaddik über die Not, die ihn im Lernen und Beten behindere: „In dieser unsrer Zeit", sagte Rabbi Mosche, „ist die größte Frömmigkeit, über alles Lernen und Beten, wenn man die Welt annimmt, wie sie steht und geht."

Die wahre Weisheit

Der Zanser Rabbi stand einmal am Fenster und blickte auf die Straße. Als er einen Mann vorübergehen sah, klopfte er an die Scheibe und bedeutete ihm, einzutreten. Sowie jener im Zimmer war, fragte ihn Rabbi Chajim: „Sage mir, wenn du einen Beutel voll Dukaten findest, wirst du ihn seinem Besitzer zurückerstatten?“ – „Rabbi“, antwortete der Mann, „ohne Verzug würde ich, wenn ich den Eigentümer kennte, ihm den Fund übergeben.“ – „Du bist ein Narr“, sagte der Zanser. Wieder stellte er sich ans Fenster, rief einen anderen Passanten herbei und legte ihm die gleiche Frage vor. „Ich bin doch kein Narr“, erwiderte der, „dass ich einen Geldbeutel, der mir zugefallen ist, aus der Hand gäbe.“ – „Ein Bösewicht bist du“, sagte der Zanser und hieß eine dritten hereinkommen. Der gab zur Antwort: „Rabbi, wie kann ich wissen, auf welcher Stufe ich dann stehen werde? Ob es mir gelingen wird, dem bösen Trieb obzusiegen? Vielleicht übermannt er mich, und ich eigne mir das fremde Gut an; vielleicht aber steht Gott, gesegnet sei Er, mir gegen ihn bei, und ich gebe das Gefundene dem rechtmäßigen Besitzer zurück.“ – „Wie fein sind deine Worte!“ rief der Zaddik. „Du bist der wahre Weise!“

Gottesfurcht

Sussja betete einst zu Gott: „Herr, ich liebe dich so sehr, und ich fürchte dich nicht genug! Herr, ich liebe dich so sehr, und ich fürchte dich nicht genug! Mache, dass ich dich fürchte wie einer deiner Engel, die dein furchtbarer Name durchfährt!“ Alsbald erhörte Gott das Gebet, und der Name durchfuhr dem Sussja das verborgene Herz, wie es den Engeln geschieht. Da kroch Sussja unter das Bett wie ein Hündchen, und die Angst des Tieres erschütterte ihn, bis er aufheulte: „Herr, lass mich dich wieder lieben wie Sussja!“ Und Gott erhörte ihn zum andernmal.

Die Rede

An jedem Abend nach dem Gebet ging der Baalschem in seine Stube, zwei Kerzen wurden vor ihn gestellt und das geheimnisvolle Buch der Schöpfung* mit andern Büchern auf den Tisch gelegt. Dann wurden in einem alle vorgelassen, die seines Rats bedurften, und er redete zu ihnen bis an die elfte Stunde.
Als an einem Abend die Leute hinweggingen, sagte einer von ihnen zu seinem Gefährten, die Worte, die der Baalschem an ihn richtete, hätte ihm recht wohlgetan. Der andere aber verwies ihm solches Geschwätz; sie hätten doch die Stunde zusammen betreten und all die Zeit seither habe der Meister zu keinem andern als zu ihm selber geredet.
Ein dritter, der dies hörte, mischte sich lächelnd ein: wie wunderlich sie sich beide irrten – habe doch der Rabbi den ganzen Abend mit ihm ein vertrautes Gespräch geführt. Gleicherweise ließ sich ein vierter, ein fünfter vernehmen, endlich bekannten alle durcheinander, was ihnen widerfahren war. Doch schon im nächsten Augenblick verstummte die Schar.

* *Eine wohl zwischen dem 3. und 6. Jahrhundert entstandene mystische Schrift, die von den Zahlen als kosmogonischen Prinzipien handelt.*

Sussjas Andacht

Sussja war einmal bei dem Rabbi von Neshiž zu Besuch. Der hörte nach Mitternacht ein Geräusch aus der Kammer des Gastes, trat an die Tür und lauschte. Da hörte er, wie Sussja in der Stube auf und nieder lief und redete: „Herr der Welt, sieh, ich liebe dich, aber was vermag ich zu tun, ich kann ja nichts!" Danach lief er weiter auf und nieder und redete das gleiche, bis er sich plötzlich bedachte und rief: „Hei, ich kann ja pfeifen, da will ich mir was vorpfeifen." Als er aber zu pfeifen begann, erschrak der Rabbi von Neshiž.

Der wohlhabende Hiob, umgeben von seinen Söhnen und Töchtern

Die Äpfel

Eine arme Äpfelhändlerin, deren Stand nah am Hause Rabbi Chajims von Zans war, kam einst klagend zu ihm: „Unser Rabbi, ich habe noch kein Geld, um für den Sabbat einzukaufen." – „Und dein Äpfelstand?" fragte der Zaddik. „Die Leute sagen mir", antwortete sie, „meine Äpfel seien schlecht und wollen keine kaufen." Sogleich lief Rabbi Chajim auf die Gasse und rief: „Wer will gute Äpfel kaufen?" Im Nu sammelte sich die Menge um ihn, die Münzen flogen unbesehen und ungezählt herbei, und bald waren alle Früchte zum doppelten und dreifachen Preis verkauft. „Sieh nur", sagte er zur Frau, als er sich zum Gehen wandte, „deine Äpfel waren gut, die Leute habe es nur nicht gewusst."

Der geheime Knecht

Rabbi Nachum von Stepinescht sprach einmal von seinem Bruder, Rabbi David Mosche von Czortkow: „Wenn mein Bruder David Mosche das Buch der Psalmen aufschlägt und die Preisungen zu sagen beginnt, ruft Gott ihm zu: ‚David Mosche, mein Sohn, da gebe ich dir die ganze Welt in die Hand; tu mit ihr, was du willst.' Ach, gäbe Er mir so die Welt, ich wüsste, was ich zu tun habe! David Mosche aber ist ein getreuer Knecht: er reicht sie in eben dem Stande zurück, indem er sie empfangen hat."

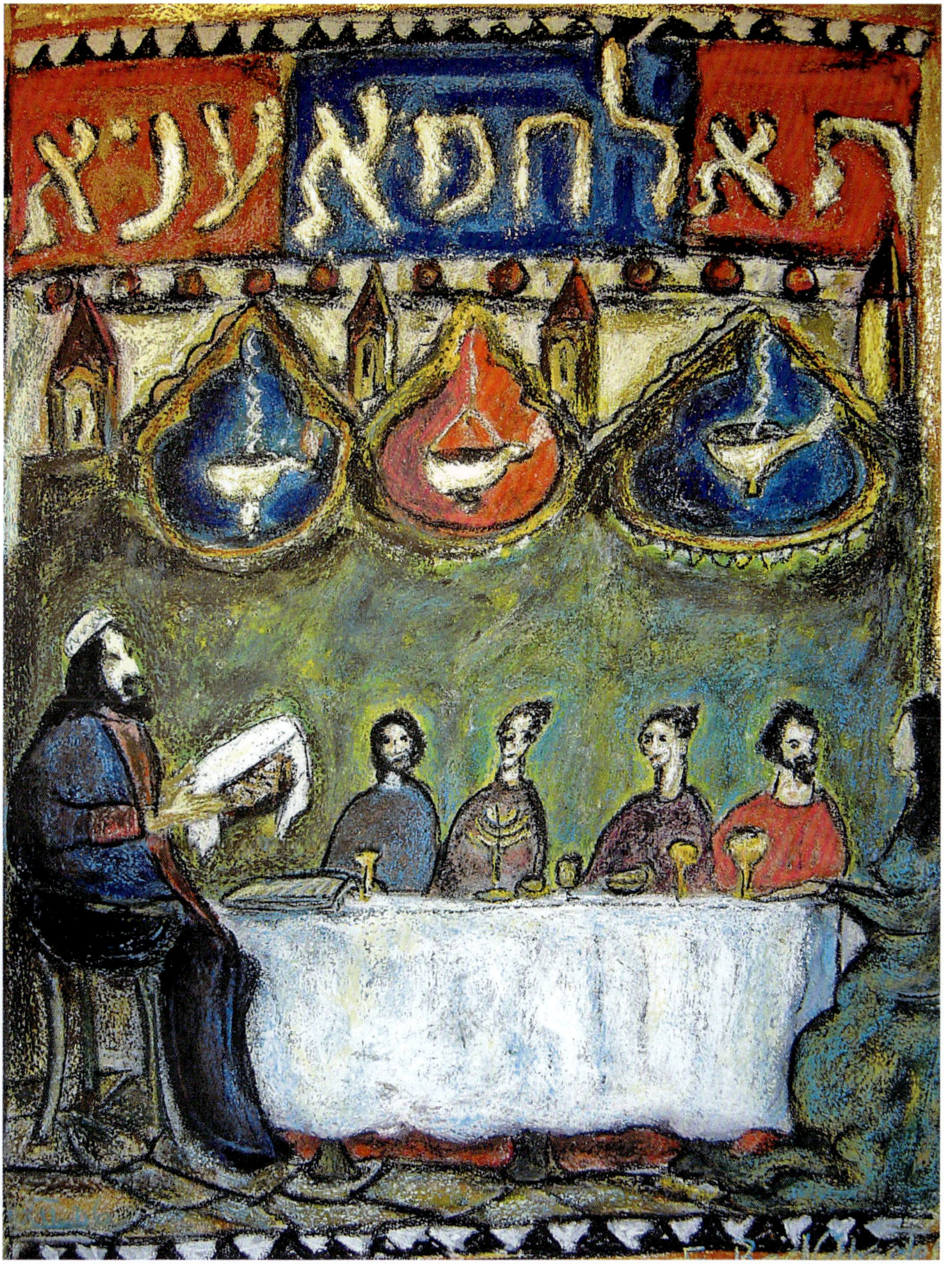

Das Hochzeitsmahl

Nicht was zum Munde eingeht…

Der Jehudi trug einst seinem Schüler Rabbi Bunam auf, eine Reise zu unternehmen. Bunam fragte nicht, sondern ging mit etlichen Chassidim zur Stadt hinaus, wohin die Straße sie führte. Gegen Mittag kamen sie in ein Dorf und kehrten beim Schankpächter ein, der, erfreut über die frommen Gäste, sie zum Essen einlud. Rabbi Bunam setzte sich in die Wirtsstube, die andern gingen aus und ein und forschten allerlei wegen des Fleisches, das ihnen vorgesetzt werden sollte: nach der Fehlerfreiheit des Tiers*, nach der Person des Schächters**, nach der Sorgfalt des Salzes***. Da hob ein Mann in zerrissenen Kleidern, der hinter dem Ofen saß und den Wanderstecken noch in der Hand hielt, zu reden an: „O ihr Chassidim! Ihr macht viel Aufhebens, ob euch rein genug sei, was ihr in den Mund tut, aber was euch aus dem Munde geht, um dessen Lauterkeit tragt ihr minder Sorge!“

* Bestimmte Erkrankungen und andere Defekte machen den Genuss eines sonst „reinen“ Tiers zu einem unerlaubten.

** Ob ihm vertraut werden kann, dass er die Vorschriften beim Schächten genau eingehalten hat.

*** Um das Blut, dessen Genuss verboten ist, dem Fleisch völlig zu entziehen, wird dieses ganz mit Salz bestreut.

Können und Wollen

Über Land wandernd, traf der Jehudi einst auf einen umgestürzten Heuwagen. „Hilf mir doch den Wagen aufrichten!“, rief ihm der Besitzer zu. Er versuchte es, aber es ging nicht vonstatten. „Ich kann es nicht“, versicherte er endlich. Der Bauer sah ihn streng an. „Du kannst“, sagte er, „aber du willst nicht.“ Am Abend dieses Tages sprach der Jehudi zu seinen Schülern: „Heute morgen ist es mir gesagt worden. Wir können den Namen Gottes aufrichten, aber wir wollen nicht.“

Die gute Unsicherheit

Am Schewuotfest sprach Rabbi Meïr von Primischlan einst zu seinen Schülern: „Heut erst habe ich verstanden, was mein Lehrer Rabbi Mordechai von Kremnitz in meiner Jugend zu mir sagte. Ich saß mit ihm im Schlitten, und wir kamen an eine abschüssige Stelle. Ängstlich stand ich auf und machte mich bereit, hinauszuspringen. Rabbi Mordechai fasste meine Hand. ‚Setz dich‘, sagte er, ‚es wird nichts geschehn.‘ Und in der Tat kamen wir sicher über die gefährliche Stelle. Nach einer Weile, als wir gemächlich auf ebener Bahn fuhren und ich an nichts Böses dachte, stürzte der Schlitten, und ich fiel tief in einen Schneehaufen. Als ich mich hervorgearbeitet hatte, lachte mich der Rabbi an. ‚Siehst du!‘ sagte er. Heute erst vor dem Beten habe ich verstanden, was er mich lehren wollte: Wer der Gefahr gewärtig ist, dem hilft Gott, dass er nicht falle; wer sich sicher und seinen Weg geebnet wähnt, ist dem Sturze nah.“

Der Seiltänzer

Rabbi Chajim von Krosno, ein Schüler des Baalschem, sah einst mit seinen Schülern einem Seiltänzer zu. Er war so tief in den Anblick versunken, dass sie ihn fragten, was es sei, das seine Augen an die törichte Schaustellung banne. „Dieser Mann“, antwortete er, „setzt sein Leben aufs Spiel, ich könnte nicht sagen weswegen. Gewiss aber kann er, während er auf dem Seil geht, nicht daran denken, dass er mit seiner Handlung hundert Gulden verdient; denn sowie er dies dächte, würde er abstürzen.“

Durch dessen Wort…

Ein Chassid des Kobryners war bei öffentlichen Arbeiten beschäftigt. Eines Morgens überkam ihn dabei eine Sorge, er wusste sich keinen Rat; endlich ließ er alles liegen, ging in die Stadt und, ohne ins eigene Haus zu blicken, geradeswegs zum Zaddik. Dem hatte man eben ein Graupengericht zum Frühstück gereicht, und er sprach darüber den Segen: „…durch dessen Wort alles ward." Den eintretenden Chassid hatte er nicht angesehn und ihm nicht die Hand gegeben. Der stand beiseite und wartete, bis er seine Sache vorbringen könnte. Endlich sagte der Rabbi zum ihm: „Salman, ich habe gemeint, du glichest deinem Vater; aber jetzt sehe ich, du gleichst ihm nicht. Einmal war dein Vater mit einem ganzen Packen Sorgen zu mir gekommen. Als er eintrat, sprach ich wie heute gerade den Segen: ‚…durch dessen Worte alles ward.' Als ich ihn gesprochen hatte, merkte ich, dass dein Vater schon wieder fort wollte. ‚Awrähmel', sagte ich, ‚hast du kein Anliegen?' – ‚Nein', erwiderte er mir und nahm Abschied. Verstehst du? Wenn ein Jude vernimmt, dass alles durch Gottes Wort geworden ist, was hat er da noch zu fragen? Ist ihm doch eine Antwort auf alle seine Fragen und Sorgen gegeben!" Und Rabbi Mosche bot dem Chassid die Hand zum Gruß. Der schwieg eine Weile, nahm Abschied und ging getrost zu seiner Arbeit zurück.

Das Mittel

Ein gelehrter und kargherziger Mann redete Rabbi Abraham von Stretyn an: „Es heißt, Ihr gäbet den Leuten heimliche Heilmittel und Eure Mittel seien wirksam. Gebt mir denn eins, um Furcht Gottes zu erlangen!"
„Für Furcht Gottes", sagte da Rabbi Abraham, „weiß ich bei mir kein Mittel. Aber wenn Ihr wollt, könnt Ihr eins für Liebe Gottes erhalten."
„Das ist mir noch erwünschter", rief jener, „gebt es nur her!"
„Das Mittel", antwortete der Zaddik, „ist Liebe zu den Menschen."

Tempelstadt Jerusalem

Wohltun

Rabbi Mosche von Kobryn war der Sohn von Dorfleuten, die mit schwerer Arbeit ihr Leben fristeten. Als er ein Knabe war, kam eine Hungersnot über Litauen, die Armen schwärmten mit Weib und Kind aus den Städten übers flache Land, um sich Nahrung zu suchen. Auch durch das Dorf, in dem Mosches Eltern wohnten, zogen täglich Scharen Bedürftiger. Seine Mutter mahlte Korn auf einer Handmühle und buk an jedem Morgen Brot, um es unter sie auszuteilen.
An einem Tag kam eine größere Schar als sonst, das Brot reichte nicht für alle, aber der Ofen war geheizt, Teig lag in den Schüsseln; eilig nahm die Frau davon, knetete die Laibe zurecht und schob sie in den Ofen. Die Hungrigen jedoch brummten, weil sie warten mussten, und etliche Freche unter ihnen verstiegen sich zu Scheltworten und Flüchen. Darüber brach die Frau in Tränen aus. „Weine nicht, Mutter", sagte der Knabe, „tu nur deine Arbeit und lass sie fluchen und erfülle Gottes Gebot! Vielleicht, wenn sie dich lobten und segneten, wäre es weniger erfüllt."

Am Fenster

Zur Zeit, da Rabbi Menachem im Lande Israel wohnte, ereignete es sich, dass ein törichter Mann, ohne bemerkt zu werden, den Ölberg bestieg und vom Gipfel aus in die Schofarposaune stieß. Im aufgeschreckten Volk sprang die Kunde um, dies sei das Schofarblasen, das die Erlösung verkündigt. Als das Gerücht zu den Ohren Rabbi Menachems kam, öffnete er das Fenster, sah in die Welt hinaus und sprach: „Da ist keine Erneuerung."

Die Josephsgeschichte

Sussja und seine Frau

Sussjas Frau war ein zänkisches Weib und lag ihm beständig in den Ohren, er solle sich von ihr scheiden lassen, und sein Herz war schwer von ihrer Rede. Eines Nachts rief er sie an und sprach zu ihr: „Sieh her!“ Und er zeigte ihr, dass sein Kissen ganz feucht war. Dann sprach er weiter zu ihr: „Es steht geschrieben in der Gemara: ‚Wer sein erstes Weib vertreibt, der Altar selber vergießt Tränen über ihn.‘ Von diesen Tränen ist das Kissen durchnässt. Und nun, was willst du noch? Willst du noch den Scheidebrief*?“ Von diesem Augenblick an wurde sie still. Und als sie still geworden war, wurde sie froh. Und als sie froh geworden war, wurde sie gut.

* Einzige religionsgesetzlich erlaubte Form der Ehescheidung

Die Erscheinung

Rabbi Meïr von Primischlan erzählte: „In meiner Jugend sehnte ich mich sehr, dass mir Elija erschiene. Als ich es meinem Vater sagte, beschied er mich: ‚Lerne nur eifrig, so wirst du ihn sehen.‘ Vier Wochen lernte ich von früh bis spät. Dann sagte ich es wieder meinem Vater. ‚Geh lernen!‘ antwortete er. Einst saß ich im Lehrhaus über einem Buch, da kam ein Mann in Lumpen herein, ein schweres Bündel auf den gebeugten Schultern, das Gesicht ganz vom wirren Haupt- und Barthaar bedeckt. ‚Darf ich hier meine Last abladen und von meinem langen Weg ausruhn?‘ fragte er. ‚Lieber Jude‘, sage ich, ‚dies ist keine Herberge.‘ Er wiederholte: ‚Ich bin müde von meinem langen Weg.‘ Aber ich gab nicht nach, er musste von dannen ziehn. Bald danach trat mein Vater ins Lehrhaus. ‚Hast du Elija gesehen?‘ sprach er.“

Der Ring

Einem Armen, der an Rabbi Schmelkes Tür kam, als kein Geld im Hause war, gab er einen Ring. Einen Augenblick darauf erfuhr es seine Frau und überstürzte ihn mit heftigen Vorwürfen, dass er ein so kostbares Schmuckstück, das einen so großen und edlen Stein trug, einem unbekannten Bettler hingeworfen habe. Rabbi Schmelke hieß den Armen zurückrufen und sagte ihm: „Ich habe soeben erfahren, dass der Ring, den ich dir gab, einen hohen Wert hat; achte darauf, ihn nicht allzu wohlfeil zu verkaufen."

Wie Sussja starb

Vor dem Ende sprach Rabbi Sussja: „In der kommenden Welt muss ich nicht verantworten, dass ich nicht Mose gewesen bin; ich muss verantworten, dass ich nicht Sussja gewesen bin."

Das Versäumnis

Am Vorabend des Versöhnungstages, zur Zeit, da man Kol Nidre sagen sollte, waren alle Chassidim im Bethaus versammelt und warteten auf den Rabbi. Die Zeit verging, er kam nicht. Eine der Frauen sprach zu sich: „Es dauert wohl noch eine Weile, bis angefangen wird, und ich habe mich so sehr beeilt, und mein Kind ist allein zu Hause geblieben, da will ich doch schnell nach ihm sehen, ob es nicht aufgewacht ist, in ein paar Minuten bin ich wieder hier." Sie lief hinüber, horchte an der Tür, es war still. Leise drückte sie die Klinke nieder, steckte den Kopf vor, da stand der Rabbi und hielt ihr Kind im Arm, dessen Weinen ihn auf dem Weg zum Bethaus hergelockt hatte; er hatte mit ihm gespielt und ihm vorgesungen, bis es einschlief.

Das Vogellied

Man fragte den Sadagorer am „Sabbat des Lieds", dem Sabbat, an dem das Lied aus der Thora verlesen wird, das Mose und Israel am Schilfmeer sangen: „Warum ist es an diesem Tag Brauch, den Vögeln Buchweizengrütze zu streuen?"
„Ein König", antwortete er, „ließ sich abseits von allen seinen Palästen ein kleines Lusthaus bauen, wo er allein sein konnte. Da hatte niemand Zutritt zu ihm, und auch keiner seiner Diener durfte darin verweilen. Einzig ein Singvogel teilte den Raum mit ihm, und der König lauschte seinem Lied, das im lieber war als alles Spiel der Spielleute. In der Stunde, da das Schilfmeer gespalten wurde, lobsangen alle Engel und Seraphim dem Herrn. Er aber lauschte dem Lied des Vögleins Israel. Darum wird heute den Vögeln Speise bereitet."

Deuteronium

Was macht es aus?

Ehe Rabbi Mordechai von Neshiž seine Berufung erkannte, betrieb er einen kleinen Handel. Nach jeder Reise, die er unternahm, um seine Waren zu verkaufen, pflegte er ein wenig Geld zurückzulegen, um sich für das Hüttenfest eine Etrogfrucht zu erstehen. Als er mehrere Rubel beisammen hatte, fuhr er in die Kreisstadt und dachte unterwegs unablässig daran, ob es ihm wohl vergönnt sein würde, unter den dort feilgebotenen Paradiesäpfeln den schönsten zu erwerben. Da sah er mitten auf der Straße einen Wasserverkäufer stehen, der um sein gefallenes Pferd jammerte. Er stieg ab und gab dem Mann all sein Geld, dass er sich ein andres kaufe. „Was macht es aus?“ sagte er lachend zu sich, als er sich auf den Heimweg wandte, „alle werden den Segen über dem Etrog sprechen, und ich spreche meinen Segen über diesem Pferd.“ Zu Haus fand er einen herrlichen Etrog vor, den ihm Freunde gespendet hatten.

Die Pferde

Wenn Rabbi Wolf zu Wagen fuhr, erlaubte er nicht, die Pferde zu schlagen. „Nicht einmal zu schelten brauchst du sie“, belehrte er den Fuhrmann, „wenn du sie nur anzureden verstehst.“

Jüdische Hochzeit

Kleines Glossar

Chassidismus Nach der Lehre des Chassidismus durchdringt Gott die gesamte Schöpfung; durch Konzentration auf das Wesenhafte der Dinge und ekstatische Begeisterung gelangt der Mensch zur Einheit mit Gott. Begründet wurde der Chassidismus, der Lebensbejahung und Fröhlichkeit ins Zentrum der Religiosität stellt, von Israel ben Elieser. Jeder kann bei den Chassiden kraft aufrichtiger Gläubigkeit die Stufe des Gerechten erreichen. Dessen Würde war vererbbar.

Gebetsmantel Tallit Ein rechteckiges Tuch mit dunklen Streifen mit herabhängenden Schaufäden, in das sich die Beter vor allem beim Morgengebet hüllen.

Goji Nichtjude

Haggada „Bericht", der in verschiedenen literarischen Formen überlieferte Teil des Talmuds, im besonderen die Erzählung vom Auszug aus Ägypten, die an den Sederabenden vorgelesen wird.

Hüttenfest Es ist geboten, an diesem achttägigen Erntedank- und Wallfahrtsfest im Oktober in laubgedeckten Hütten zu wohnen.

Jerusalem Das obere oder himmlische Jerusalem, das dem irdischen entspricht, ebenso das Heiligtum darin dem Jerusalemer Tempel.

Jom-kippur Der Versöhnungstag: der Tag des Sündenbekenntnisses und der Läuterung, an dem von einem Abend bis zum andern streng gefastet wird. Vor dem Fest sollen alle miteinander vergeben, da der Tag nur die Sünden gegen Gott, nicht aber die gegen die Mitmenschen sühnt, solange sie von diesen nicht vergeben sind.

Mazzot Ungesäuertes Passahbrot: Da an Passah als dem Fest der ungesäuerten Brote kein Sauerteig im Hause bleiben darf, wird das Gesäuerte verbrannt und die Asche verstreut.

Mischna Sammlung von rabbinischen Lehrsätzen, die um 200 n. Chr. von Rabbi Juda Hanassi redigiert wurden. Die Mischna und Gemara bilden zusammen den Talmud.

Mitnaged „Widersacher"; Gegner der Chassidim.

Passah „Überschreitung", eingeleitet durch den Rüsttag Großer Sabbat. Als Fest des Gedenkens an den Auszug aus Ägypten wird es am ersten Vollmond des Frühlings gefeiert.

Rabbi Volkstümliche Bezeichnung des Zaddiks.

Raw „Meister", „Lehrer", in der Bedeutung des im Gesetz Unterweisenden und dessen Befolgung Regelnden.

Rosch-ha-schana „Haupt des Jahres"; Neujahrsfest im September/Oktober; es leitet die zehn Bußtage ein, die am Jom-kippur enden. Das Fest wird auch als „Tag des Posaunenschalls" bezeichnet; s. Schofar.

Schechina Gottes Gegenwart unter den Menschen, sein Innewohnen, das die ganze Welt erfüllt.

Schofar Das Widderhorn, das in der Synagoge vornehmlich am Fest des Rosch-ha-schana und an Jom-kippur geblasen wird. Der Überlieferung nach wird dessen Ruf das Kommen des Messias ankündigen.

Martin Buber, 1878 in Wien geboren, wuchs im galizischen Lemberg (heute Lwiw, Ukraine) auf, bei seinem Großvater, dem Privatgelehrten und Midraschexperten Salomon Buber, der zu seiner Zeit einer der wichtigsten Forscher und Sammler auf dem Gebiet der chassidischen Tradition des osteuropäischen Judentums war. Nach dem Besuch des polnischen Gymnasiums in Lemberg studierte Martin Buber in Wien, Leipzig, Zürich und Berlin.
1899 heiratete er Paula Winkler, die an seiner Arbeit mitwirkte und unter dem Pseudonym Georg Munk selber schrieb. Das Paar hatte zwei Kinder, 1900 wurde ihr Sohn Rafael geboren und 1901 die Tochter Eva.
In Wien lernte er Theodor Herzl kennen und schloss sich dessen zionistischer Bewegung an. 1901 wurde er Redakteur der zionistischen Wochenschrift „Die Welt" und 1902 Mitbegründer des Jüdischen Verlags. Ab 1905 arbeitete er für den Verlag Rütten & Loening als Lektor.
Martin Buber war von 1924 bis 1933 Lehrbeauftragter und Honorarprofessor für Jüdische Religionslehre und Ethik in Frankfurt am Main. Aus der nationalsozialistischen Reichsschrifttumskammer wurde er 1935 ausgeschlossen. Sein Wohnhaus in Heppenheim, in dem er von 1916 bis 1938 lebte, wurde während der November-Pogrome am 9. November 1938 verwüstet. Er konnte 1938 aus dem nationalsozialistischen Deutschland nach Jerusalem entkommen, wo er bis 1951 an der Hebräischen Universität von Jerusalem Anthropologie und Soziologie lehrte.
Mit Nachdruck hat er sich in diesen Jahren für eine Verständigung der Israeli mit den Arabern eingesetzt, nach dem Krieg auch für die Wiederaufnahme des Gesprächs mit deutschen Denkern und Institutionen. Martin Buber starb 1965 in Jerusalem.

F. Berndkaster – Die Macht des Stiftes einmal kennen gelernt, ließ F. Berndkaster diesen nicht mehr los. Sein zeichnerisches Talent bekamen vor allem seine Lehrer zu spüren, die er unentwegt in einem langweiligen Unterricht auf Papier brachte und sie einmal in eleganten und dann wieder in witzigen Posen zeigte.
Als Sohn einer hübschen schlesischen Mutter, von der er den jüdischen Scharfsinn hat, und eines Lehrers kam Berndkaster 1958 in Ehrenbreitstein zur Welt. Aufgewachsen in Koblenz (Ahrenberg) eignete er sich auf autodidaktischem Weg die Technik der Malerei an und entwickelte ein „Händchen" für alle Sujets. Für ihn war schon als Junge klar, dass er später einmal Maler werden wolle.
Nach dem Abitur eröffneten sich ihm neue Wege des Berufs. Das Interesse für theologische Fragen und Philosophie drängte den Maler an die Philosophische Fakultät. Er studierte Germanistik, Ev. Theologie und Geschichte in Bonn und Siegen und schloss sein Studium mit dem Magister Artium ab. Die Beziehung zur jüdischen Religion nahm er im Studium auf. Im Kontext des jüdisch-christlichen Dialogs lernte er auch die theologische Arbeit Martin Bubers kennen und schätzen.
1983 heiratete er Kornelia Grupinski. Mit ihr hat er einen Sohn, Daniel, der ebenfalls einer künstlerischen Neigung nachgeht.
Seine erste Ausstellung machte er 1998 in der Freusburger Mühle und es folgten dort vier weitere. Seine Arbeiten bewegen sich zwischen Abstraktion und Konkretion, Nonfiguratives und Figurales finden sich in seinen Werken. Religiöses und profane Themen. Als Arbeitsmaterial benutzt er alles, was Ausdruck schafft.
Heute arbeitet er in Herkersdorf in seinem 2003 selbst erbauten Atelier, in dem er seit 2005 regelmäßig seine Arbeiten ausstellt.

Inhaltsverzeichnis

Aus dem tvd-Verlag Düsseldorf

Michael Blum/Uwe Seidel

Das kleine Engelbuch

„Manchmal wünsch ich, ein Engel käme…" Die Texte erzählen von den Engeln, die die Menschen begleiten, behüten und beschützen. Die Engel-Collagen von Michael Blum heben sich wohltuend von den üblichen Engel-Darstellungen ab.

tvd 9640.1 – 48 Seiten, kartoniert, 17 Bilder, vierfarbig
ISBN 978-3-926512-22-2

Hanns Dieter Hüsch/Michael Blum

Das kleine Buch zum Segen

Hanns Dieter Hüsch verbindet mit seinen Bitten und Fürbitten, mit seinen Wünschen und Hoffnungen die Erde mit dem Himmel. Durchwebt werden die Wünsche „zum Segen" von den „Heiligen Zeichen", wie Michael Blum seine Bilder bezeichnet.

tvd 9840.1 – 48 Seiten, kartoniert, 18 Bilder, vierfarbig
ISBN 978-3-926512-30-7

Hanns Dieter Hüsch/Uwe Seidel/Paul Klee

Das kleine Buch zum Glück

Hanns Dieter Hüsch schreibt seine Alltags-Glücks-Zeilen auf und gibt noch ein paar Texte als „Zugabe" obendrein. Uwe Seidel verbindet in seinen Texten das kleine mit dem großen Glück. Mit den Bildern von Paul Klee wird dieses Buch zu einer gelungenen Komposition. Und die Menschen sollen sich auf den Weg machen, Glück zu verbreiten, wo immer es möglich ist.

tvd 20140.1 – 48 Seiten, kartoniert, 15 Bilder, vierfarbig
ISBN 978-3-926512-43-7

Uwe Seidel mit jungen Leuten/Beate Heinen

Das kleine Buch vom Licht in der Nacht

Es begab sich, dass junge Leute im Alter zwischen 12 und 14 Jahren mit Pfarrer Uwe Seidel ihre Geschichte zu Weihnachten aufschrieben. Sie erzählen, als seien sie dabei gewesen. Wunderschöne Geschichten mit den Bildern von Beate Heinen, einer Künstlerin aus Maria Laach. Sie möchte mit ihren Bildern bewusst machen, dass sich Weihnachten auch heute, mitten unter uns, ereignet.

tvd 20435.1 – 48 Seiten, kartoniert, 21 Bilder, farbig
ISBN 978-3-926512-63-5

Uwe Seidel/Marc Chagall

Das kleine Buch zur Weihnachtszeit

Die Texte von Uwe Seidel greifen die Worte der Weihnachtsgeschichte des Evangelisten Lukas auf. Wir wandern durch die Weihnachtsgeschichte wie Maria und Josef, die hinauszogen, um den Hoffnungsträger für die Welt zu gebären. Losgehen und ankommen, dem alltäglichen Trott entfliehen, unterwegs sein zur Weihnachtszeit.

tvd 20640.1 – 48 Seiten, kartoniert, 20 Bilder, farbig
ISBN 978-3-926512-73-3

Bestellungen können auch direkt
an den Verlag gerichtet werden

tvd-Verlag GmbH
Postfach 32 11 11
40426 Düsseldorf